Sylvius von Monsterberg-Münckenau

Der Infinitiv in den Epen Hartmanns von Aue

Erster Teil

Sylvius von Monsterberg-Münckenau

Der Infinitiv in den Epen Hartmanns von Aue
Erster Teil

ISBN/EAN: 9783744738392

Hergestellt in Europa, USA, Kanada, Australien, Japan

Cover: Foto ©Paul-Georg Meister /pixelio.de

Weitere Bücher finden Sie auf **www.hansebooks.com**

Der Infinitiv
in den Epen Hartmanns von Aue.

Erster Teil.

Inaugural - Dissertation,

welche mit Genehmigung

der

philosophischen Facultät der Universität Breslau

zur Erlangung der Doctorwürde

**Mittwoch, den 20. August 1884, mittags 12 Uhr
in der Aula Leopoldina**

gegen die Herren

Otto Rossbach, Dr. phil.
Arwed Fischer, cand. phil.

öffentlich verteidigen wird

Sylvius von Monsterberg-Münckenau
aus Breslau.

Breslau.
Wilhelm Koebner.
1884.

Nachstehende Dissertation ist der erste Teil meiner Abhandlung: Der Infinitiv in den Epen Hartmanns von Aue, welche nächstens als 5. Heft der von Herrn Professor Dr. K. Weinhold herausgegebenen „Germanistischen Abhandlungen" erscheinen wird.

Seinem hochverehrten Lehrer

Herrn Professor Dr. K. WEINHOLD

in ehrfurchtsvoller Hochachtung und Dankbarkeit

gewidmet

von dem Verfasser.

Vorrede.

Im November 1882 ersuchte ich Herrn Professor Weinhold um Stellung eines Thema zu einer Arbeit für das königl. germanistische Seminar, an dessen Übungen ich damals als ausserordentliches Mitglied teilnahm. Herr Professor Weinhold wählte zur Bearbeitung den Gebrauch des Infinitivs bei Hartmann von Aue und zwar zunächst auf den armen Heinrich beschränkt. Als aber im Laufe der Bearbeitung bei Gelegenheit der Lectüre im Seminar und bei wiederholter mündlicher Besprechung Herr Professor Weinhold mein Augenmerk auf die Wichtigkeit der Verba praeteritopraesentia und deren begriffliche Entwickelung für die Veränderungen der Functionen des deutschen Infinitivs ~~hinwies~~ und mir die einzuschlagende Richtung kennzeichnete, machte dies den Überblick über ein grösseres Material wünschenswert, um die vermittelnden Übergänge in jener Entwicklung vollständiger belegen zu können. Er erweiterte daher das Thema auf alle vier Epen Hartmanns und hielt zugleich eine nähere Untersuchung des Praefixes ge beim Infinitiv, das ich bis dahin nur statistisch behandelt hatte, für wünschenswerth.

So ist es gekommen, dass die ursprüngliche Seminararbeit den äusseren Umfang der vorliegenden Abhandlung erreichte und, was für ihren Inhalt und ihre Anlage wesentlich ist, dass der eigentliche Mittelpunkt meiner ganzen Untersuchung die Praeteritopraesentia in ihrem Verhältniss zum Infinitiv geworden sind; dass aber in ihrer hier zum erstenmal in grösserem Umfange gewagten Untersuchung die psychologische Auffassung der sprachlichen Erscheinung als massgebende Methode in den Vordergrund gerückt ist und, denke ich, durch die ganze Bearbeitung gebührende Berücksichtigung erfahren hat, ist ebenfalls das Werk der unmittelbaren Belehrung und Aufklärung Herrn Professor Weinholds.

Für meine Behandlung des Infinitivs speciell dagegen verdanke ich die Hauptanregung dem Colleg des Herrn Professor Reifferscheid über lateinische Syntax, namentlich seinem Abschnitt über den lateinischen Infinitiv. Er namentlich war es, durch den ich zu der Überzeugung von der unerlässlichen Nothwendigkeit strengster

1

historischer Methode kam, wenn ich auch im Einzelnen für das Deutsche, soweit ich mich nicht an die allgemeinen Ausführungen Jollys .halten konnte, meine eignen Wege gehen musste.

Schliesslich verdanke ich mehrfache schätzenswerthe Anregung und Belehrung der Vorlesung Herrn Professor Dr. Rossbachs über griechische Syntax.

Allen diesen von mir hochverehrten Männern spreche ich hiermit für ihre lehrreiche Unterweisung und freundliche Leitung meinen wärmsten Dank aus, besonders aber fühle ich mich noch Herrn Professor Weinhold für die unermüdliche Bereitwilligkeit verpflichtet, mit welcher er durch Nachweis von Quellen und Leihen von Büchern meine Erstlingsarbeit beständig zu fördern bestrebt war. Möchte ich nur alles treu und verständig benutzt haben.

Was gedruckte Hilfsmittel angeht, so habe ich natürlich, wie jeder es wird thun müssen, der über den Infinitiv vom historischen Standpunkte noch schreiben wird, fleissig das hier Grund legende Werk von Dr. Julius Jolly, Geschichte des Infinitivs im Indogermanischen, München 1873, benutzt. Im Übrigen ist trotz der seit langer Zeit allgemein gewordenen Anerkennung der bahnbrechenden Entdeckung Bopps, trotz der reichen Litteratur über den Infinitiv und namentlich Jollys die Wege ebnenden und erleichternden Vorgang über den Mangel von Einzeluntersuchungen vom historischen Standpunkte zu klagen. Trotzdem verdanke ich manche Belehrung mehreren obwohl nicht vom historischen Standpunkte unternommenen Arbeiten, so vor allem dem Capitel über den Infinitiv in der Grammatik J. Grimms, der trotz verfehlter Methode (Jolly p. 54 ff.) viele auch für eine historische Betrachtung schätzenswerte Beobachtungen macht, A. Koehler, der syntactische Gebrauch des Infinitivs im Gothischen in Pfeiffers Germania XII 1867 p. 421—462, Alexander Reifferscheid, über die untrennbare Partikel ge im Deutschen I. ge bei Infinitiven, Breslau 1871, und Zeitschrift für deutsche Philologie, Ergänzungsband, p. 319, Oscar Erdmann, Untersuchungen über die Syntax der Sprache Otfrids, Halle 1874, Hubert Rötteken, der zusammengesetzte Satz bei Berthold von Regensburg, Strassburg 1884. Anderes ist an seiner Stelle citirt.

Die vorliegende Arbeit über den syntactischen Gebrauch des Infinitivs in den epischen Dichtungen Hartmanns von Aue nun ist ein Versuch von dem durch die neueren Resultate der vergleichenden Sprachforschung geschaffenen Gesichtspunkte aus die verschiedenen Arten der Verwendung, in welche das ursprüngliche nomen actionis zu einer bestimmten Zeit, in einer bestimmten Litteraturgattung und bei einem bestimmten Individuum auseinander gegangen ist, vorzuführen, geordnet und beurteilt nach ihrer Entwickelung aus jenem abstracten Nomen. Dies Verfahren scheint die Möglichkeit zu bieten eine Erkenntniss des Zustandes, welchen der Infinitiv auf dem Wege seiner historischen Entwicklung vom nomen actionis zur Verbalkategorie des Infinitivs und wieder zurück zum Nomen durch neue Substantivirung innerhalb der genannten Grenzen einnahm, gleichsam in einem übersichtlichen Querdurchschnitt der einzelnen von einem einheitlichen Stocke nach verschiedenen Richtungen streichenden Adern zu erreichen. Hierbei kann ein vergleichender Blick nach der Richtung, nach welcher alle jene Adern convergieren müssen, nur förderlich sein, und daher habe ich die parallelen Thatsachen bei Otfrid nach O. Erdmanns Untersuchungen über die Syntax der Sprache Otfrids, Halle 1874 neben den Befund in Hartmanns Epen gestellt. Den Sprachgebrauch aber gerade des am Eingang der ersten Blütezeit unserer Litteratur stehenden Meisters festzustellen, muss für die Beurteilung des Ganges, welchen die Entwicklung des Infinitivs einschlug, von Wichtigkeit sein. Eine vollständigere Erkenntniss freilich könnte erst durch eine Reihe in zeitlichen Abständen unternommener ähnlicher Bohrversuche erlangt werden.

Seit Bopp in seinem Conjugationssystem p. 39. 43 den Infinitiv aller Sprachen zuerst gelehrt hat als abstractes Substantivum aufzufassen mit dem Privilegium den Casus des Verbum zu regieren und auch mancher andern Freiheiten in der Construction sich zu bedienen, ist auf die Natur des Infinitivs ein Licht gefallen, das vieles von dem räthselhaften Dunkel, das sein Verständniss den antiken wie den neueren Philologen entzog, zu zerstreuen geeignet ist. Neuerdings ist Bopps Auffassung die allgemeine und es muss bei dieser Untersuchung über den syntactischen Gebrauch des Infinitivs als erste Aufgabe erscheinen den Infinitiv hinsichtlich der Spuren seines nominalen Wesens zu behandeln und das Vorkommen der einzelnen Casus desselben, ihre Verwendung und Häufigkeit in Hartmanns Epen zu betrachten. Dies soll in dem ersten Teile geschehen. Nicht so einig ist man über die Frage, welcher von diesen Casus es war, der durch Aufgeben nominaler und Annahme verbaler Functionen einen von seiner ursprünglichen Natur so verschiedenen Charakter annahm, dass die Zusammengehörigkeit beider Bildungen so lange unerkannt bleiben konnte. Den Grad, bis zu welchem die Ausbildung jenes nunmehr Infinitiv genannten Casus in Hartmanns Epen sich vorgeschritten zeigt, zu untersuchen wird Inhalt des zweiten Teiles sein. Schliesslich wurde dieser zu einer Verbalkategorie gewordene Casus von neuem substantivirt, und die Feststellung der Fortschritte, welche diese jüngste Richtung der Entwickelung gemacht hat, wird in einem dritten Teile versucht werden.

Vollständigkeit der Stellensammlung ist erreicht in Bezug auf wirklich vorkommende Infinitive, dagegen war sie mir nicht immer möglich bei andern ihn vertretenden Constructionen.

I.

Der Infinitiv als ursprüngliches nomen actionis.

Der als sogenannter Infinitiv erstarrte Casus des nomen actionis steht wie in der ganzen älteren Sprache überhaupt so auch bei Hartmann noch nicht völlig isolirt. Neben ihm finden sich noch andre in voller casueller Kraft bestehende desselben nomens. So wenigstens glaube ich Jolly folgend (p. 154) das Verhältniss der Genitive auf ennes, ens, und der Dative auf enne, en zum gewöhnlichen Infinitiv auffassen zu müssen, nämlich als seine Schwestercasus, ebenso wie er selbst aus dem Stamme auf anja gebildet. Jolly allerdings will den Genitiv auf ennes weniger gern als einen unmittelbaren Sprössling desselben Stammes auf anja, der den Dativ auf ania, anne, enne, en hervorgebracht hat, denn als aus dem letzteren zu einer Zeit gebildet angesehen wissen, da dieser bereits dem Erstarrungsprozesse verfallen war. Einen Grund aber hierfür giebt Jolly nicht an, und ich finde keinen, warum wir von dem alten Verbalnomen mehr verloren zu haben glauben sollen, als wir gerade durch den Bestand zu glauben gezwungen sind. Angewendet werden jedoch bekanntlich nur der Genitiv und Dativ, während ein Nominativ und Accusativ nicht vorkommen und auch jene beiden Casus finden sich nicht allzu häufig und zeigen innerhalb Hartmanns Epen selbst ein starkes Zurückgehen.

1. Der Nominativ des nomen actionis.

Vielleicht ist ein Nominativ der alten nomina actionis nie gebildet worden. Eine Untersuchung darüber, ob nomina actionis, von denen ein Casus zum Infinitiv erstarrte, im Sanskrit schon den Nominativ gerade unentwickelt oder doch schwach belegt zeigen, ist mir nicht bekannt. Im Griechischen, Lateinischen und Deutschen findet sich keine Spur. Man wird den Grund hierfür darin suchen dürfen, dass eine Sprache, welche ein abstractes nomen einem noch allgemeineren Praedicat unterordnen soll, bereits die Geläufigkeit eines abstracten Denkens voraussetzt, die man der älteren Zeit nicht wird zusprechen dürfen, während später, als sie sich einfand, bereits der Prozess des Absterbens bei dem nomen actionis überhaupt schon weit vorgeschritten war. Eine entwickelte Litteratur, wie die zur Zeit Hartmanns, fand also wohl das Bedürfniss den Begriff des nomen actionis als Subject zu setzen, im Sprachschatz aber nicht mehr das Mittel vor demselben zu genügen. Wodurch hilft nun Hartmann diesem Mangel ab? Der zum Infinitiv erstarrte Casus zunächst selbst konnte die Function des Nominativs nicht übernehmen, obwohl die Verwendung eines casuslosen Nomens gerade als Nominativ leicht scheint, weil dieser gerade so wenig casuelle Natur zeigt, dass man von ihm wie von dem Vocativ sagt, sie seien überhaupt keine Casus. Aber in Hartmanns Sprachgefühl gilt der Infinitiv noch gar nicht als so casuslos, die Erinnerung an seine oblique Casusnatur ist, wie ich später darzutun haben werde, noch nicht so gänzlich erloschen, dass er auf ihn die Function eines andern Casus hätte zu übertragen wagen sollen, während der ursprüngliche sich noch bemerkbar machte. Nie ersetzt also Hartmann den nicht vorhandenen Nominativ des alten nomen actionis durch den zum Infinitiv erstarrten Casus, nie ist der blosse Infinitiv bei Hartmann Subject (cf. Jolly l. c., der eine Sammlung der Stellen, in denen der Infinitiv Subject ist oder Object, wünschenswerth nennt). Zu widersprechen könnten scheinen:

E. 9427 ich habe ez ûz ir munde vernomen, daz hin varn und
        wider komen âne ir haz mac geschehen.

9438 wan bî den liuten ist so guot.

Iw. 8159 ez was guot leben waenlich hie.

Im 1. und 3. Falle aber wird man neue Substantivirung richtiger anzunehmen, im 1. vielleicht geradezu „hinvarn“, „widerkomen“ zu schreiben haben, cf. solche Compositionen unter der neuen Substantivirung. Im 2. Falle hat man nicht nöthig ein „sîn“ zu ergänzen, das dann Subject wäre: unter Leuten zu leben ist so schön, sondern es kann „ist sô guot“ unmittelbar mit „bî den liuten“ verbunden werden. Zu 3 cf. die unten angeführte Stelle E. 9548.

Um so mehr könnte es auffallen, dass nach den Verbindungen neutraler Adjectiva oder Substantiva mit dem Verbum substantivum, nach den Ausdrücken des Geschehens sich mehrfach der flectirte oder unflectirte Infinitiv mit ze findet. Man sollte meinen, was wegen der noch nicht ganz erloschenen Erinnerung an seine oblique Casusnatur dem einfachen Infinitiv nicht möglich war, könne es erst recht nicht dem präpositionalen sein, in dem sie ja von neuem wachgerufen ist. Indess halte ich die Meinung, der Infinitiv stehe zu jenen Ausdrücken im Subjectsverhältniss, für durchaus irrig und meine vielmehr, es sei ein consecutives. cf. unter jenen Ausdrücken. Sollte daher ein Nominativ möglich werden, so musste aus dem Infinitiv ein neues Substantivum gebildet werden. Dies konnte aber nicht mehr nach dem Muster des alten nomen actionis, an das das Gedächtniss längst erloschen war, nicht mehr mit dessen Privilegien, sondern nur nach der Analogie jedes andern Substantivum gebildet werden. Es kommen hier natürlich nicht die Fälle in Betracht, in denen ein substantivirter Infinitiv zwar Subject ist, aber eine concrete Bedeutung angenommen hat. Diesen Weg, den Verbalbegriff als Subject auszudrücken, hat Hartmann im Erec (8 mal) und Iwein (6 mal) benutzt (s. u.)

E. 1078 sîn twelen was im ungemach.

6537 ir strâfen was im ungemach.

8859 iwer weinen ist mir swaere.

9548 hie waer' daz wesen inne guot.

9804 trûren unde klagen, daz was ir ambet.

2943 ir twelen was vil unlanc.

4543 sîn sitzen wart vil unlanc.

7109 waz touc daz lange frâgen.

Iw. 4335 sô ist bezzer mîn verderben, danne ob wir beidiu sterben.

5133 mîn rîten ist mislich.

992 dô was sîn twelen unlanc.

4830 mîn tweln enkumet mir nicht wol.

6110 waz touc ditz schelten unde dreun.

Grêgorjus und armer Heinrich scheinen diesen Gebrauch nicht zu zeigen, auch war er unbequem, insofern der Begriff der Handlung beeinträchtigt wurde durch die nominale Form und das Subject nicht im Nominativ eines Substantivums oder Pronomens ausgedrückt werden konnte wie gewöhnlich. Häufiger setzt daher Hartmann einen Satz, der entweder ein Conjunctionalsatz mit daz, oder bei negativem Praedicat ein negirter Cunjunctiv oder ein Bedingungssatz oder ein paratactischer Satz ist. Fast immer wird er durch das Neutrum eines Pronomens angekündigt oder hinterher nochmals aufgenommen und sehr oft steht nur dies und der Satz ist zu ergänzen.

Nach der nhd. Entwicklungsstufe des Infinitivs kann er in allen diesen Fällen als Subject stehen, falls sein Subject nicht hinzutreten braucht, sei es, dass es ein allgemeines oder dass es schon in der Nähe ausgedrückt ist. Der Grund kann nur der sein, dass inzwischen das Bewusstsein von seiner Casusnatur vollends erloschen ist. Schliesslich kann auch das Particip den Nominativ eines Verbalbegriffs vertreten, da aber alsdann die Construction eine persönliche wird, so wird das Particip nicht Subject, sondern praedicatives Adjectiv. Das Particip ist das zweite und scheint nur zu stehen, wenn bei der Auflösung in einen Satz ein Tempus der Vergangenheit stehen würde. Die einzelnen Fälle sind zu finden unter den Verbindungen des Verbum substantivum mit Substantiven oder neutralen Adjectiven, unter den passiven Wendungen der Verben des Unternehmens. Ebenda sind auch die Fälle, in denen das neutrale Pronomen wegen einer dabei stehenden Negation im Genitiv statt im Nominativ (oder auch im Accus.) steht. Hier darf ich mich mit einigen, besonders unter jene Gruppen nicht gehörigen Beispielen begnügen. Zu vergleichen sind auch die unpersönlichen Ausdrücke unter den Verben des Erstrebens und Geschehens.

1. Der Verbalbegriff könnte nach der nhd. Entwicklungsstufe durch den Infinitiv wiedergegeben werden, weil

A. sein Subject ein allgemeines ist: Ich habe nur Beispiele hierfür, in denen ein neutr. Pronomen den aus dem Zusammenhang verständlichen Verbalbegriff vertritt:

E. 5772 swer den wîben leide tuot: wand' ez'n ist manlich noch guot.

6849 möcht ich im vorgesîn. doch wirt ez versuochet.

348 man sol dem wirte lân sînen willen, daz ist guot getân.

G. 249 daz ieglîch man swestern noch niftoln sî niht ze heimlîche bî: ez reizt daz ungefüere.

B. sein Subject zwar ein bestimmtes, aber bei dem praedicativen Verbum bereits angedeutetes oder mit dessen Subject ganz oder teilweise identisches ist:

a) er steht in einem Satz mit daz:

E. 7478 daz ich iu rehte seite, daz wurde ze swaere eine als tumben knehte, cf E. 143.

6502 wande ez möchte in niht gewerren, daz sie naemen einen rîchen herren.

2804 daz er in dem satel saz, vil sêre prîste Êrecken daz.

7823 daz wart im vil ungemach und begunde in vaste beswaeren, daz sî dar komen waeren.

Iw. 7490 daz ir dehein hete genomen des andern dehein arbeit, daz was ir beider herzeleit.

b) er steht in einem Bedingungssatz:

E. 9362 daz mir daz minner werre, ob ich mit êren sterbe.

a. H. 854 ez taete dîme herzen wê, soltest dû ob mîme grabe stân.

c) er steht in einem paratactischen Satz:

E. 4821 geruochot iuch mir nennen, ezn schadet iu niht und hilfet mich (wegen der letzteren Wendung gehört dieser Satz auch unter 2), ähnlich 5441.

6106 dû hâst dîne triuwe gar an im zebrochen, daz wirt an dir gerochen.

d) ein neutrales Pronomen vertritt den blos aus dem Zusammenhang zu ergänzenden Verbalbegriff:

E. 7942 da erwindet durch die liebe mîn. daz enzaeme mir niht wol.

3264 ichn haete ez iu nie geseit. ez geschiht mir nimmer mêre, ähnlich 3267.

3444 si fuorte se. swie verre ez wider frouwen site waere.

G. 530 sine versanden'z ûf den sê. daz wart niht gefristet mê.

2. Der Verbalbegriff hat eignes, bestimmtes Subject und könnte also durch den Infinitiv auch nach seiner nhd. Entwickelungsstufe nicht mehr ausgedrückt werden:

a) er steht in einem Satz mit daz:

E. 6958 ouch half ez, daz s' in nande.

7485 ouch tuot daz mînen sin ze krank, daz ich den satel nie gesach.

6737 ouch irte daz sine vart, daz diu naht vinster wart. cf. 5774.

G. 3370 daz ir mîn ze meister gert, daz ist ein erdâhter spot.

3015 daz erz beiden tete kunt, daz meinde, —

a. H. 333 ouch half in sêre, daz diu kint so lîhte ze gewenene sint.

Iw. 1731 dô begunde in dô anstrîten, daz im gar unmaere elliu diu êre waere.

b) in einem Bedingungssatz:

a. H. 370 möht ez mit iuwern hulden sîn, ich frâgete vil gerne.

c) nach negativem Praedicatsverbum in einem negirten Conjunctiv:

a. H 1186 uns kan daz niht gewerren, iuwer maget ensî vollen guot

d) in einem paratactischen Satz:

E. 4680 irn sult niht also scheiden. ez missezaeme uns beiden.

4821 cf. unter A.

e) ein neutrales Pronomen vertritt den blos aus dem Zusammenhange zu ergänzenden Verbalbegriff:

E. 5283 dô si schieden dan. den künec muote ez sêre.

5636 het ich iu frumes gedienet iht,. daz ob got wil noch
 geschiht.
5979 ez was iuwer beider wân mîn dinc vil wol gebeuzert
 hân. ouch was ez vil waenlîch.
8796 der disem ritter gesigte an (daz doch niht geschehen
 mac, ez sûmet sich so manegen tac.)
 ebenso E. 9004. 9029. 9939, 40,41. 9973. 10110. 9038.
 8046. 8876.

Participia schliesslich vertreten den Nominativ des Verbalbegriffs, obwohl sie in Folge der persönlichen Construction nicht
als Subject, sondern als prädicatives Adjectiv erscheinen (cf. die
Participia nach Verben des Geschehens):

E. 4136 von diu waer' ez niht guot verborn.
 5070 jâ ist ein friunt bezzer vlorn bescheidenlîchen, dan behalten anders danne er sol.
G. 72 daz ist unvaeterlich getân (oder unter Be?).
a. H. 606 sô waere er bezzer ungeborn.
Iw. 4711 daz ist also guot vermiten.

2. Der Accusativ des nomen actionis.

Wie mit dem Nom. verhält es sich mit dem Accus. Auch
im Objectsverhältniss kann der Verbalbegriff nicht durch den
Accus. des ursprünglichen nomen actionis ausgedrückt werden. Auch
hier hätte ein sehr abstracter Denkprozess eintreten müssen. Denn
auch das Objectsverhältniss ist eine Subsumption. Nun ist zwar
in andern Sprachen der Accus. gerade des nomen actionis zum
Infinitiv selbst verwandt worden, aber er bezeichnet dann nie das
Object, sondern die Richtung. Zur Bezeichnung der Richtung
aber hat, wie ich mit Jolly und Erdmann annehme, das Deutsche
eben den Dativ verwendet, so dass für das Deutsche dieser Grund
einen Accus. zu bilden wegfiel. Wie dort kann auch hier nicht
der als Infinitiv erstarrte Casus vertretend gebraucht werden aus
gleichem Grunde wie dort. Denn wenn man den Infinitiv nach
Verben, welche sonst in einem accusativen Object ihre Ergänzung
finden, darum auch als Accus. betrachtet, so ist das grammatisch
ebenso falsch, wie wenn man die Syntax des Infinitivs nach den
Casus einteilt, welche sonst nach den Verben stehen, auf die hier
der Infinitiv folgt, und von einem nominativen, genitiven, dativen,
accusativen Infinitiv spricht. Der Infinitiv nach den transitiven
Verben ist durchaus kein accusativer, sondern wie immer eine
Ergänzung im Dativ (s. u.). Cf. die Abfertigung dieser falschen

Auffassung bei Jolly p. 183. Wohl aber kann dieselbe Vervoll-
ständigung eines in sich nicht geschlossenen Verbalbegriffs eben-
sowohl durch ein accusatives Object erlangt werden, wie durch
den ergänzenden Infinitiv, und so setzt denn Hartmann oft ein
stellvertretendes neutrales Pronomen, das in der That zum Verbum
im Objectsverhältniss steht, dem aber darum immer noch nicht ein
gesetzter Infinitiv grammatisch, wenn auch logisch, gleichgeachtet
werden müsste. Beispiele solcher Vertretung durch neutrale Pronomina, die auch hier durch Sätze näher ausgeführt werden können,
sind zahlreich zu finden z. B. unter den Verben des Unternehmens
und Veranlassens.

1. Der Verbalbegriff könnte nach der neuhochdeutschen Entwicklungsstufe durch den Infinitiv wiedergegeben werden, entweder,
wenn das Subject ein allgemeines ist, wofür ich Beispiele nicht
nachzuweisen vermag, oder wenn es zwar ein bestimmtes, aber
mit dem des Verbum, zu welchem jener Verbalbegriff im Objectsverhältniss steht, ganz oder teilweise identisches oder sonst in
einem Casus angedeutetes ist. Hartmann giebt ihn durch

a) einen Satz mit daz:

E. 1045 daz ez die magt hat geslagen, von rechte sol ez
garnen daz.

b) einen Bedingungssatz:

E. 3268 ob ez iu immer mêre geschiht, ich vertrage ez iu niht.
cf 67. 5432.

c) eine paratactische Construction:

E. 3448 sî leit ez âne swaere. daz lêrte sî ir güete. cf. 5171,
Iw. 4976, E. 3446.

d) ein neutrales Pronomen vertritt den blos aus dem Zusammenhange zu ergänzenden Verbalbegriff:

E. 2475 er reit uns imz diu naht benam.

2841 wand' er den lîp ûf êre solde wâgen sêre unde wande
erz versuohte.

Viele andre Beispiele cf. unter den Verben: tuon, koufen, machen,
wenden, bewenden, verworken, gebieten, râten, verbieten, vertragen,
vergeben, lân ze gewalte, wollen, kunnen, erdenken u. a. u. a.

2. Der Verbalbegriff hat ein eigenes, bestimmtes Subject und
könnte also durch den Infinitiv auch nach seiner nhd. Entwicklungsstufe nicht mehr ausgedrückt werden; Hartmann setzt ihn

a) in einem Satz mit daz:

E. 1044 daz ez die magt hât geslagen, daz enwil ich nicht
vertragen.

b) in einem Bedingungssatz:

E. 3746 daz er'z lieze âne haz, ob er zuo ir saeze.

c) bezieht sich auf ihn blos mit einem neutralen Pronomen: 3260 ichn haete ez iu nie geseit (nämlich: dir sint ritter nâhen bî 3185.)

6068 (als sî sich wolde erstechen) wann daz ez got gefriste. cf. auch hierzu die genannten Verben sowie: sagen, fristen, dulden, sehen u. a.

Auch in dem nach der Praeposition d u r c h stehenden Infinitiv wird man nicht einen Accus. des alten nomen actionis erblicken dürfen, wie wohl dieser Gebrauch unter andern nominalen Substantiven viele Analogieen hat: z. B. G. 3631 man sol doch vrevelliche site durch die vorhte erzeigen. 3665 nû suohte sî in durch rât. Aber die Verbindung ist nicht alt genug, dass man einen Rest des ursprünglichen Verbalnomens darin sehen dürfte. Es ist vielmehr der jeder Casusnatur völlig entkleidete Infinitiv (s. u.). Dagegen ist der Acc. des Verbalbegriffs auch nach d u r c h durch einen Satz gegeben:

E. 9598 durch daz in lebende was begraben mîn jugent, sô ist èt Joie de la curt gaenzlichen nider gelegen.

3. Der Genitiv des nomen actionis.

Die sogenannten flectirten Formen des Infinitivs auf ennes und enne, resp. ens und en sehe ich als unmittelbare Casusbildungen aus dem Stamme des nomen actionis auf nja (s. o.) an. Sie sind also Schwestercasus des sogenannten Infinitivs, und wenn dieser richtig als Dativ bezeichnet wird, so ist speciell der Dativ im Wesen mit diesem identisch, und der Unterschied besteht nur darin, dass er seine Casusnatur noch deutlich bewahrt, der Infinitiv sie aber mehr oder weniger aufgegeben und verbale Formation angenommen hat. Die Form betreffend finden sich in Hartmanns Epen die Genitive in der volleren wie in der verkürzten. Im Erec zieht er die auf einfaches ens vor (12 mal gegenüber 5 Formen auf ennes), im Grêgor ist das Verhältniss gleich (1 zu 1), der arme Heinrich bietet gar keine Beispiele und im Iwein kehrt das im Erec beobachtete Verhältniss sich um (2 mal auf ens gegenüber 6 mal ennes). Im Erec ist demnach der Gebrauch überhaupt am ausgedehntesten. Abhängen kann der Genitiv von allen den Wortarten, von denen ein Substantivum überhaupt abhängen kann.

1. Von Substantiven hängt er ab in einer Anzahl feststehender verbartiger Verbindungen von Substantiven mit Verben:

E. 7078 nû was ouch slâfennes zît.

1886 nû was ouch briutennes zît.

6351 nû was ouch ezzennes zît.

Iw. 333 dô slâfennes zît wart.

5866 nû was ouch slâfennes zît.

5548 nû hete er rîtennes zît.

E. 5349 weinens gêt mir michel nôt.

6663 fliehens gieng in michel nôt.

G. 265 des ist unlougen, mirne gê trûrens nôt.

E. 2385 giudens urloup möht' er hân.

2355 dâ was ouch turnierens zil.

2573 daz er justierens state gewan.

Iw. 7148 wan hât er borgennes muot.

2. Von einem Adverb hängt er nur 2 mal im Erec ab:

E. 5568 dô was dâ vehtens genuoc.

4224 den was vehtens genuoc.

3. Von Verben:

E. 5419 daz in schrîens verdrôz.

2191 emphâhens zeran in nie.

8512 daz ir vehtens abe stât.

527 weinens sîn herze wart ermant (so liest Bech wohl mit Recht statt: wan sîn herze wart ermant in der Ambraser Handschrift, was Haupt beibehält).

2411 wan den turnierens wol gezam.

G. 1116 dâ si spilnes gezam.

Iw. 25 daz er ouch tihtennes pflac.

3043 swâ si turnierens pflâgen.

5465 sine mohte zeltens niht gehaben.

Allen diesen Fällen lassen sich solche mit nominalen Substantiven zur Seite halten: cf. z. B. G. 415.

E. 8841 waz gêt iu solher klage nôt. Iw. 6002 swem mînes dienstes nôt geschiht. cf. überhaupt die betreffenden Verben im II. Teil.

Sehr häufig ist der Verbalbegriff auch im Genitiv blos durch das neutrale Pronomen vertreten und diese bequeme Ausdrucksweise scheint nicht wenig auf das Zurücktreten der schwerfälligen Formen auf ennes und ens gewirkt zu haben.

1. Nach Ausdrücken der ersten Art:

E. 8000 sit ir's niht wellent haben rât (der Verbalbegriff ist aus 7938 zu ergänzen).

2641 als er erkuolet solde sîn, des im doch niht state geschach.

2419 daz er die just naeme — swâ er des state funde.

3750 ob er zuo ir saeze) — ich bin es frô. 1276. 5524.
4772 saget an, esn mac dehein rât sîn. a. H. 925.

E. 5485 hilf im: dêst im nôt. 5788.

nach: nôt gêt 6170. G. 3712. Iw. 5388.

zît ist: E. 5785. 8578.

state gewinnen G. 710.

einem ist ze muote E. 6394.

war nemen E. 3089.

rât schaffen E. 9453.

gewis sîn E. 9503. 658.

frî sîn E. 9568.

âne wân sîn E. 8348.

willen hân E. 5638.

reht hân G. 1225. a. H. 688.

lôn hân E. 9440.

bilde wird G. 2814.

bilde geben E. 5782.

schol sin E. 9824.

Wegen einer Negativen steht der Genitiv des neutralen Pronomens statt eines Nominativs oder Accusativs (cf. p.912) z. B. E. 5261. G. 672. a. H. 221. 1192.

Auch hier kann das Pronomen durch einen Satz weiter ausgeführt werden, nirgend bei Hartmann aber durch einen Infinitiv, der erst im nhd. unter denselben Bedingungen wie beim Nom. und Acc. stehen kann.

durch einen Satz mit daz z. B. G. 556.

durch einen negirten Conjunctiv nach negativem Verbum G. 44. 2516. a. H. 581.

2. nach Verben:

E. 4557 gewert mich einer gebe. des man ich iuch vil verre.
cf. 4880. G. 2443.

3700 der nimmer in kein missetât sînen fuoz verstieze, ob in's diu minne erlieze. cf. 4910. 5065.

3750 ob er zuo ir saeze. geruocht ir's, herre.

4570 (auf 4564: „bitent" bezogen). dochn sult irs niht so lange gern. cf. G. 2444.

4690 welt ir mich dar bringen, ir müezet mich es twingen.
cf. 4699.

4886 ich bringen, mag ich ins erbiten.

Ein Satz bringt eine nähere Ausführung, z. B. ein negirter Conjunctiv nach negativem Verbum:

G. 3094 des'n wolde in niht verdriezen, ern schüefe in ringen gemach.

Ganz unausgedrückt und nur aus dem Zusammenhange zu ergänzen ist der Verbalbegriff:

E. 8849 dar nâch haet ir guote zît (sc. weinens).

4346 nû werent iuch ritter, ez ist zît.

a. H. 1477 ez waere reht unde zît.

Andre Beispiele für die pronominale Vertretung cf. unter den einen Genitiv regierenden Verben Teil II, namentlich: beginnen, lâzen, hengen, mâzen, gewegen, erlân, sich mâzen, enbern, über sîn, über werden, überkomen, sich abe tuon, bewart sîn, geniezen, twelen, erbîten. ez belanget, wundert einen, nimt einen wunder, verdriuzet, zimet. gern, biten, erbiten, getrûwen, gewern, gunnen, volgen, sich fröuen, ruochen, loben, geloben, jehen, vergezzen, twingen, gestiuren. âne angest sîn. Doch auch blos eine adverbielle (cau-sale) Beziehung giebt der Gen. der neutralen Pronomina: E. 4158. 2992. 8893. 9608. 9748. 2805. G. 1086. 1223. a. H. 145. 242. 686. 608. cf. nach geniezen lân und ze buoze stân unter sollen II.

Schliesslich tritt ein Sprachgebrauch, der den fehlenden Nom. ersetzen half (cf. p. 11), hier als Concurrent des vorhandenen Genit. auf: die neue Substantivirung. Das alte verbale Nomen kann kein Subject an sich zum Ausdruck bringen, Hartmann setzt es daher nur immer, wo dies aus dem Zusammenhange selbstverständlich oder ein allgemeines ist. Ist aber die Bezeichnung eines bestimmten Subjects einmal nöthig und wählt er nicht Satzconstruction, so kann er es an dem verbalen Substantivum nur wie bei jedem no-minalen durch die adjectivische Form der Pronomina possessiva oder die sie vertretenden Genit. der Pronomina personalia aus-drücken. Damit aber ist eine völlig neue Substantivirung nach Analogie der nominalen Substantiven vollzogen.

E. 627 ir komennes nam in wunder.

2068 ir komennes was er vil gemeit.

3315 sînes zuorîtens was er frô.

Iw. 219 doch sol man mînes sagennes enbern.

Doch zeigt sich bereits ein Fall im a. H., in dem diese Con-currenz die genannten Grenzen überschreitet und der substantivirte Genitiv des nomen actionis steht, ohne dass ein Subject bezeichnet werden brauchte. Die Substantivirung erfolgt hier nicht durch das Possessivpron., sondern nur durch den Artikel. Dies betrifft freilich ein Wort, dessen Substantivirung sehr geläufig geworden war. cf. T. III:

a. H. 1007 des weinens tet in michel nôt.

Eigenthümlich stellt sich dieser Gebrauch bei Otfrid (Erdmann, I § 346). Er hat durchaus die substantivische Form und den Genitiv des alten nomen actionis ohne substantivirenden Zusatz nur 3 mal.

4. Der Dativ des nomen actionis.

Die Stellen für den Dativ stehen an Zahl denen für den Genitiv nach (15, dort 27). Im Erec findet er sich 8, im Grêgorjus 5, im armen Heinrich 1 und im Iwein 1 mal, die Stelle im Iwein aber ist eine neue Substantivirung. Hier ist also das Zurücktreten noch auffälliger als im Genitiv. Die vollere Form auf enne findet sich nur 2, höchstens 3 mal im Erec. Wie bei Otfrid (Erdmann I, § 347) findet er sich nur nach Präpositionen analog jedem andern Substantivum, cf. E. 2104. Im Otfrid waren es: in, mit, zi, hier lassen sich nachweisen: mit, ze, an, von, âne.

1. mit

E. 6236 mit weinenne.

   1462 mit triuten (nach Bech, Handschriften: triwen).

   5029 mit kürzenne (nach Bech, Handschriften: mit kurtzem wege, Haupt: mit kurzewîle).

G. 2150 mit weinen.

   722 mit wachen.

   723 mit vasten.

  2084 mit riuwen.

a. H. 107 mit weinen.

2. ze.

E. 7183 hie sint hunde unde wilt und swaz ze jagen ist nütze.

3. an.

E. 2101 swes im an wahsenne gebrast.

4. von.

E. 3022 von fluochen.

  8693 von geheizen.

5. âne.

E. 4226 die fluhen âne jagen.

Bisweilen kann es zweifelhaft scheinen, ob es eine neue Substantivirung ist, wie bei G. 2150. 2084. E. 4226. a. H. 107, wie durch die Zusammenstellung mit andern Substantiven dies sicher ist für G. 722. 723, durch den Artikel für

Iw. 997 mit dem giezen.

Auch für den Dativ des Verbalbegriffs tritt oft ein neutrales

2

Pronomen oder adverbiale Ausdrücke ein, die auch hier durch Sätze ausgeführt sein können:

dar an G. 3592. a. H. 534.

dâ von G. 3647. 3650. a. H. 502. Iw. 6025.

dâ mite a. H. 1293.

dar zuo a. H. 1110. 1270. Iw. 3323. 2839.

ein Satz steht dabei

2. mit daz

E. 6071 got ez gefriste daran, daz sî begunde dem swerte fluochen. G. 2848.

G. 1521 daz ich heize ein arm man, dâ bin ich unschuldec an.

2. ein paratactischer:

G. 2178 dû hast mir dâ mite gemachet manege swaere, dune gesagtest nie guot maere.

II.
Der Infinitiv als eine Kategorie des Verbum.

Einer der Casus dieses im I. Teile in seinen bei Hartmann
noch vorhandenen Resten und den dasselbe vertretenden Constructionen beobachteten verbalen Nomens war es, der durch all-
mähliches Aufgeben seiner casuellen Beziehung und durch Ausbildung verbaler Genus- und Tempusunterscheidung zu einer Kategorie des Verbum, dem sogenannten Infinitiv, sich wandelte. Dieser
Übertritt zum Verbum schliesst einen doppelten Vorgang ein, die
Casusnatur musste erst absterben, ehe die Neubildung auf verbalem
Gebiete erfolgen konnte. Je weiter der Infinitiv sich von seiner
Casusnatur entfernt, um so weiter schreitet die Ausbildung der
Genus- und Tempusunterscheidung. vor. Ich werde daher zunächst
die Grade des allmählichen Aufgebens der Casusnatur in dem ebenso
manigfachem Gebrauche des Infinitivs in Hartmanns Epen und dann
erst die Entwicklung des Genus und Tempus verfolgen.

A. Die Entwicklung des Infinitivs als einer Kategorie des Verbum aus dem verbalen Nomen durch Aufgabe der Casusnatur.

Wie zwar Einzeluntersuchungen vor allem die Pflicht haben
für die Aufstellung allgemeinerer Sätze, die nichts als Schlüsse aus
jenen sein sollen, das zuverlässige Material zu liefern, so bedürfen
sie doch andrerseits auch dieser; denn nur mit Benutzung der
weiteren, von diesen gegebenen Gesichtspunkte sind sie im Stande,
eine jede Einzelerscheinung richtig aufzufassen und sie in das
grosse System am rechten Platze einzureihen. Ohne Beeinträchti-
gung ihrer vornehmlichsten Aufgabe aber können sie das nur,
wenn die von der allgemeinen Forschung gebotenen Gesichtspunkte
sichere sind. In dieser Beziehung stösst die Untersuchung hier auf
eine Schwierigkeit. Soll die Entwicklung einer neuen Kategorie
durch Absterben früher ihr innewohnender Momente verfolgt werden,
so muss zunächst feststehen, welches denn der Gesammtinhalt war,

2 *

von dem jene subtrahirende Bewegung anhob, d. h. hier, welcher Casus ursprünglich der Infinitiv war. Und eben diese Frage ist gegenwärtig noch nicht entschieden. Bopp und Schleicher lassen die Wahl zwischen 'Nomin., Accus., Locat. und Dativ. Grimm entscheidet sich für den Accus., Delbrück (Kuhns Zeitschrift Bd. XVIII p. 105) lässt die Wahl zwischen Accus., Dat., Loc., Jolly (Geschichte des Infinitivs im Indogermanischen p. 105—176) meint, es sei ein Dativ. Ihm folgt O. Erdmann, Untersuchungen über die Syntax der Sprache Otfrids I, § 199. Scherer endlich (Geschichte der deutschen Sprache p. 474¹. p. 460²) hält ihn für einen Locativ. Eines aber wird von allen ebenso zugegeben, wie der erste Satz Bopps von der nominalen Natur des Infinitivs, nämlich, dass der Weg, auf dem er sich aus jenem entwickelte, der der Auflösung war. Hieraus ergiebt sich, welcher Gebrauch des Infinitivs als dem ursprünglichen Wesen desselben als am nächsten stehend zu betrachten ist, nämlich der, welcher bei kleinstem Umfang den grössten Inhalt des Begriffs bietet. Nicht weniger nun stimmen alle mit Ausnahme derer, die selbst den Nominativ berücksichtigen, darin überein, dass der Inf. ein Casus der Richtung gewesen sein müsse. Vom Begriff der Richtung indess gelangen wir zu dem der Absicht, welcher ebenfalls ohne Widerspruch im Infinitiv und zwar gerade in seinen älteren Anwendungen liegt, nur durch Hinzufügung des ethischen Antheils der Person. Der Ausgangspunkt muss also der finale Gebrauch sein. Übrigens meine ich, dass kein Casus den finalen Sinn vollkommener auszudrücken vermag, als der, welcher die beiden nach dem vorbemerkten zu ihm nöthigen Momente der Richtung und des ethischen Antheils enthält. Das ist aber der Dativ. Und so halte ich denn mit Jolly und Erdmann den Infinitiv für einen erstarrten Dativ. Indess, da dies doch immerhin noch strittig ist, so werde ich dieser Annahme keinerlei Einfluss auf die folgende Darstellung gestatten, sondern mich beschränken die Gebrauchsweisen lediglich nach dem Schwinden der inhaltlichen Momente zu beurteilen und zu ordnen. So glaube ich einen auch bei dem heutigen Stande der allgemeinen Untersuchung des Infinitivs sichern Boden für die weitere Arbeit gewonnen zu haben, denn welches auch immer der Name des ursprünglichen Casus sein mag, mit der Darstellung einer in absterbender Entwicklung begriffenen Kategorie muss jedenfalls, soll sie historisch sein, da begonnen werden, wo noch die meisten inhaltlichen Momente an ihr erhalten erscheinen. Übrigens hat auch Jolly, in gerechtfertigter Vorsicht, trotzdem er den Inf. als erwiesenen Dativ ansieht, die Consequenz hieraus, alle Einzelfunctionen des Inf. streng aus der Natur des Dativs herzuleiten, nicht gezogen, wie er selbst mit den Worten zugiebt p. 176: indessen würde keine einzige der gemachten Aufstellungen zu Boden fallen, wenn der deutsche Inf., wie die durch Grimms Grammatik herrschend gewordene Annahme ist, ein Accus. (wohl auch „oder ein Locat.") wäre. Die grösste Anzahl inhaltlicher Momente nun, welche im Infinitiv sich vereinigt zeigen, ist drei:

1. Die abstracte Wortbedeutung.
2. Die Bedeutung der Richtung.
3. Die Bedeutung des ethischen Antheils der Person.

Diese erlöschen in einer der angegebenen entgegengesetzten Reihenfolge: am ehesten schwindet der ethische Antheil des Subjects, stets verbleibt naturgemäss die abstracte Wortbedeutung. Daher kann das dritte nur im Bunde mit dem zweiten und ersten, das zweite mit dem ersten stehen. Consequent wäre es daher einzig hiernach die Behandlung des Infinitivs einzuteilen, es entstünde dadurch aber der Nachteil, dass die Behandlung des Inf. nach Verben, die ihn in verschiedenen Stufen seines Verfalles nach sich haben, namentlich nach wellen und den Verbis praeteritopraesentibus allzu sehr zerstückt würde. Ich werde daher immer den Gebrauch des Infinitivs nach einer Verbengruppe, wie das bisher von allen andern geschieht, im Zusammenhange und diese Verbengruppen selbst in 3 Abschnitten behandeln, je nachdem bei dem auf sie folgenden Inf. noch alle drei Momente (der finale Infinitiv), oder nur die beiden ersten (der Infinitiv der Richtung, oder der consecutive), oder nur das erste sich geltend macht, die Fälle aber, in denen nach den nämlichen Verben der Inf. zugleich in einer schwächeren Bedeutung steht, immer bald an die, die ihn in älterer Kraft zeigen, anschliessen. Hierbei sei noch folgendes bemerkt. Das 2. und 3. Moment stammt offenbar aus der Casusnatur des Inf. Der Inf. der Richtung kann somit doppelter Natur sein, entweder ursprünglich, und in diesem Falle stehen die im 2. Abschnitt zu behandelnden Functionen der vollen Casusnatur noch ganz ebenso nahe, als die im ersten und von einer historischen Entwicklung gegenüber jenem ist nicht die Rede (dies trifft den Inf. nach den Verbis praeteritopraesentibus), oder aus dem finalen Gebrauch durch Aufgabe des subjectiven Antheils der Person erst geworden, alsdann ist im 2. Abschnitt eine Entfernung von der vollen Casusnatur und gegenüber dem ersten eine historische Fortbildung eingetreten (dies trifft den Inf. nach wellen). So hoffe ich mich wenigstens nicht allzusehr von der bisher üblichen Ordnung in der Behandlung dieser Verbenklassen zu entfernen, ohne doch zugleich die Consequenz der Darstellung Schaden leiden gelassen zu haben.

Immer parallel mit dem so sich entwickelnden einfachen Inf. verläuft eine verjüngte Form desselben. Während das Nachlassen in der Kraft des Infinitivs seinen ferneren Gang nahm, blieb doch das Bedürfniss nach dem Ausdruck derselben Gedanken, denen der Infinitiv einst in seiner Vollkraft zu genügen im Stande war. Dem nun durch die veränderten Verhältnisse eintretenden Mangel abzuhelfen war das nächstliegende Mittel die ursprüngliche Casusnatur des Infinitivs durch eine sie verstärkende Präposition von neuem herzustellen. Es bildete sich der Infinitiv mit ze, sowohl in der volleren als in der kürzeren Form, bei Hartmann in den Epen ohne bemerkbaren durchgehenden Unterschied. Auch dieser präpositionale Inf. kann zunächst nur zum Ausdruck des finalen oder consecutiven Gedankens geschaffen worden sein, ganz ebenso wie der einfache. Von hier aus ist daher seine Entwickelung als anhebend anzusehen. Über die Richtung dieser Entwickelung aber war bereits von Anfang an entschieden: sie war untrennbar gebunden an die, welche der einfache Infinitiv vor ihr eingeschlagen hatte. Ich werde daher den Inf. mit ze immer neben den einzelnen Verwendungsarten des einfachen behandeln. Dabei wird sich erkennen lassen, dass das ursprüngliche Verhältniss beider bei Hartmann noch ziemlich rein hervortritt: die Neubildung mit verstärkter Casusbedeutung hat erst auf den Gebieten Boden gewinnen können, in denen die Absicht oder Richtung hervortritt und auf denen sich daher das Erblassen des einfachen Inf. am ersten bemerkbar machen musste (bei dem freien finalen Inf., bei den Verben der Bewegung, des Erstrebens; nach den Ausdrücken des Geschehens wie überhaupt in consecutiver Bedeutung herrscht sie sogar ausser nach den Verbis präteritopräsentibus, deren Verbindung mit dem Infinitiv der Zeit vor jener Neubildung überhaupt angehört, unumschränkt), noch aber hat sie sich von ihrem Ausgangspunkte, geschützt von der Präposition, auf dem Wege der Degeneration bei Hartmann nicht soweit zu entfernen vermocht, dass sie, wie bereits der einfache Inf., nur noch die abstracte Wortbedeutung zurückbehalten hätte, und so ist denn der letztere von ihr nach den Verbis präteritopräsentibus und nach wellen, nach den Verben der Wahrnehmung und nach den Verben der Aeusserung einer Willensmeinung gänzlich unangefochten geblieben. Der Inf. mit ze hat also den einfachen Inf. auf dem Wege seiner parallelen Entwickelung noch nicht eingeholt, sondern dieser ist ihm voran. Andererseits erinnere ich hier an das p. 19 bemerkte: weiter als bis zur Aufgabe aller casuellen Beziehung hat es auch der einfache Inf. noch nicht gebracht, er kann in Hartmanns Epen noch nicht den doch unbedeutenden

Schritt zum Nominativ thun, der zwar ein beziehungsloser Casus
wäre, aber immerhin doch ein Casus, noch weniger natürlich kann
er andere oblique Beziehungen annehmen, und wenn er dies nicht
kann, so kann dies der in der Entwickelung stets hinter ihm zurück-
bleibende präpositionale Infinitiv erst recht nicht.

Schliesslich dürfen auch hier nicht, wie im I. Teile, als weitere
parallel laufende Entwickelungen die Constructionen unerwähnt gelassen werden, welche in Hartmanns Epen dem Infinitiv sein Gebiet streitig machen und im Laufe der Zeit in einzelnen Punkten
ihn zurückgedrängt haben: Participia, Satzconstruction, Vertretung
durch neutrale Pronomina und in den Fällen, in denen der Inf.
seiner Casusnatur noch näher steht, sollen auch etwa sich findende
Parallelconstructionen nominaler Substantiva nicht übergangen werden,
insofern durch sie die Auffassung des Inf. als eines Substantivums
uns näher gebracht wird.

1. Der finale Infinitiv.

Im finalen Gebrauch zeigt sich der Infinitiv im Besitz der
meisten inhaltlichen Momente und also wohl seiner ursprünglichen
Casusnatur, vermuthlich der dativischen, am nächsten stehend. Von
hieraus nahm der ganze Prozess der Auflösung seinen Anfang,
der nicht blos schwächere Bedeutungen des Inf. schuf und sie
neben die alte setzte, sondern die letztere bedeutend zurückdrängte.
Hier also, wo die grösste Anforderung an den Inf. gestellt wurde,
scheint er am frühsten einer Unterstützung durch die Präposition
bedürftig gewesen zu sein. In Hartmanns Epen ist er an sich,
ohne durch die Abhängigkeit von Verben mit finalem Sinne in
seiner eignen finalen Bedeutung unterstützt zu sein, fast gar nicht
mehr im Stande jener Anforderung zu genügen.

a) Der freie finale Infinitiv.

Ohne durch die Verbindung mit einem Verbum bereits finalen
Sinnes gestützt zu sein, tritt die alte finale Kraft des einfachen
Inf. in Hartmanns Epen nur noch an einer Stelle hervor.

G. 2871 dâ leite er gehalten sîne îsenhalten,
ein Fall, den man also an Alterthümlichkeit jenen von Jolly angeführten Nib. 252, 1: ir schilde behalten man dô truoc und 4421, 2
sîne tarnkappe er behalten truoc gleichsetzen muss. cf. auch gute
Frau 1919. Gesammt-Abenteuer 3, 220, 868. Salman und Morolf,
Vogt, 369, 3 abe zôch er daz gewâfen und hiez im ez gehalten tragen.
Sonst vermag der blosse Inf. nach seinem Entwickelungsstadium
bei Hartmann dieser Aufgabe nicht mehr zu genügen, hierzu ist

das ethische Moment bereits allzusehr zurückgetreten, und auch für die eben genannten Fälle bleibt zu berücksichtigen, dass legen wie tragen den Verben der Bewegung nahe stehen. cf. diese, namentlich sich legen. Als ziemlich frei cf. auch E. 49 unter rîten ib. Die selbständige finale Kraft erlangt er vielmehr erst wieder dadurch, dass die Präposition ze seinen casuellen Charakter hervorhebt, ganz wie auch andere Substantiva dadurch bei Hartmann wie anderswo finale Bedeutung erhalten z. B. E. 5436 ichn frâge iuch niht ze leide. G. 2819 die wil ich dir ze stiure geben. und ze wandel geben Iw. 7555. cf. auch Parz 211, 28 inen was ze werke gegeben. Nach dem vorher über das Verhältniss des einfachen und des präpositionalen Inf. zu einander bemerkten, muss es nur natürlich erscheinen, dass gerade hier die Neubildung, die ja von hier aus eigentlich gleichfalls ihren Ausgang nimmt, stark nachgerückt ist und den einfachen Casus ganz verdrängt hat. Solche Fälle, in denen der Inf. im Bunde mit ze wieder selbständige finale Function versieht, giebt es in Hartmanns Epen 11, nämlich 7 im Erec, 3 im Grêgorjus, einen im Iwein, und zwar gehen ohne Unterschied die flectirten neben den nicht flectirten Formen her, doch sind auch hier im Erec wie beim Genit. und Dat. des nomen actionis (cf. p. 16. 20) /3./7 die unflectirten Formen häufiger (5 mal).

E. 1458 nam urloup ze rîten in ellende.

2862 urloubes gerte er sâ ze rîten heim ze hûse.

3963 daz ir munt ze sprechen iht ûf kaeme.

5664 durch schoenen list er sprach im ze benemen ein ungemach.

6147 ie mitten unde si daz swert sich z'ertöten hâte gesat.

E. 9978 nam urloup ze varne heim ze hûse.

3098 daz ze sprechenne ir munt iht ûf kaeme.

G. 566 ez waer' ze helne daz mein versant.

594 im enwart dâ benant weder liute noch lant, geburt noch sin heimuot. daz was ouch in ze helne guot.

(Wenigstens ist dieser Inf. wohl nicht abhängig zu machen von „was guot" in consecutivem Sinne (wohl fälschlich als Subjectsverhältniss aufgefasst) und daz als Object zu helne zu nehmen, so dass es bedeuten würde: dieses zu verhehlen war ihnen gut, sondern daz ist wohl vielmehr Subject zu was guot und der Inf. bezeichnet den Zweck = dieses zu thun war auch ihnen dazu gut, um es zu hehlen (s. u.).

G. 2341 der hât tavel und sîdin gewant mînem hern ze koufen geben.

Iw. 7775 arzte gewan her Gâwein ze heilenne ir wunden.

Andererseits genügt die eine Präpostion zur Hervorhebung der casuellen Beziehung bei Hartmann vollständig, hier wie überall, einen Inf. mit doppelter Präposition kennt er nicht.

Aber der Gebrauch des finalen wie des Inf. überhaupt ist beschränkt auf die Fälle, in denen ein besonderes Subject der im Inf. angegebenen Handlung nicht ausgedrückt zu werden braucht, sei es, weil es ein allgemeines oder ein leicht zu ergänzendes ist, und dies ist wohl zunächst der Anlass, dass der Inf. namentlich in seinem finalen Gebrauch von der deutlicheren Satzconstruction angegriffen wird. Bei Hartmann ist nun diese Auflösung bereits bedenklich weit vorgeschritten. Sie ist geradezu das Gewöhnliche und steht auch bei gleichem Subject.

Bei verschiedenem Subject steht ein Satz mit der Conjunction daz: z. B. E. 8556. 7418. 9751. 6431 (durch daz), 1815. 827. G. 282. 2497. 2542. 2820. 3667. 2986. 6124. 3830. 3522. 3606. a. H. 254. 24 (dar umbe daz). Iw. 2176. 6836. 5990. 760 2. Mit finalem Relativpronomen z. B. E. 4011. 3563. 4402.

Bei gleichem Subject z. B. folgt daz E. 2245. 225. G. 1703. 2874. 3035. a. H. 19 (dar umbe daz). Iw. 3290. 5312.

Zu einem Vergleich des Gebrauches dieses freien finalen Inf. mit dem bei Otfrid giebt Erdmann leider keinen Anhalt, doch möchte ich die I § 351 angeführten Fälle dem freien finalen Inf. als nahestehend bezeichnen.

b) Der finale Infinitiv in Abhängigkeit von Verben.

Leichter konnte der Infinitiv seine finale Bedeutung wahren, wenn er in Abhängigkeit von Begriffen trat, die nicht sowohl die Handlung selbst, die da bezeichnet werden sollte, sondern nur den Plan zu ihr als ihrer Voraussetzung ausdrückten. Da er nun keinesfalls seinem Ursprunge nach ein Genitiv war, so kann der Infinitiv überhaupt, so lange das Gefühl für seine Natur nicht ganz erloschen ist, nicht von einem Substantivum abhängig gemacht werden. Warum dies bei Hartmann in den Epen nirgend geschieht, brauche ich also nicht zu erklären, wohl aber verdient es hervorgehoben zu werden. Etwas anderes ist es, wenn Substantiva mit einem Verbum zu verbalartigen Ausdrücken verschmelzen. In diesem Falle hängt wohl bisweilen ein Infinitiv (und zwar der präpositionale) in Hartmanns Epen von der ganzen Verbindung ab. Ebenso verhält es sich mit solchen Verbindungen von Adjectiven. Ich werde daher diese wie jene im ganzen weiteren Verlaufe nicht von den Verben trennen, weil dies für das Verständniss des Infinitivs nicht das geringste Fördernde böte, da er nach ihnen in keinem andern Sinne steht als nach Verben. Die wenigen Fälle aber, in denen ein Infinitiv allerdings von einem Adjectivum unmittelbar abhängt und auch in einem andern Sinne, werde ich für sich behandeln und im Anschluss hieran die Fälle auch bringen, in denen der Verbalbegriff nun zwar nicht durch den Infinitiv, aber durch andre ihn ersetzende Constructionen nach Substantiven ausgedrückt ist.

Der finale Infinitiv nun speciell hängt nur von Verben und verbartigen Ausdrücken ab.

α. Der finale Infinitiv nach den Verben der Bewegung.

J. Grimm, Gram. IV., p. 92 und ihm folgend Erdmann wie auch andre stellen an die Spitze der den Infinitiv regierenden Verben die Verba präteritopraesentia. Ich schliesse mich dem aus Rücksicht auf das Entwickelungsstadium des von ihnen abhängigen Inf. in Hartmanns Epen nicht an, weil abgesehen davon, dass der Inf. nach ihnen selbst in seinen älteren Verwendungen nicht sowohl finalen Sinn als vielmehr blos den der Richtung zeigt, er gerade nach ihnen durch alle möglichen Abstufungen hindurch das meiste von seiner Selbständigkeit aufgegeben hat. Aehnlich urteilt auch Jolly. Mit viel grösserem Recht glaube ich das Verzeichniss mit den Verben der Bewegung eröffnen zu dürfen, bei denen die Zweckbedeutung des Inf. durch alle Zeiten unverkennbar geblieben ist und nach denen er auch eine gewisse Selbständigkeit bewahrt, die an seinen freien Gebrauch erinnert. Auch Jolly (p. 161) rechnet diese Construction zu dem freien alten Gebrauch, bestimmter schon vorher, A. Köhler, der syntaktische Gebrauch des Inf. im Gothischen, Pfeiffers Germania XII, p. 453 zu dem finalen. Der Inf. nach den Verben der Bewegung bezeichnet nicht lediglich die Richtung, denn diese könnte nur nach etwas bereits vorhandenem gehen, sondern vielmehr die Absicht, die da auf etwas von dem Subject erst noch zu schaffendes abzielt. cf. die einzelnen Fälle. Fürs Latein freilich verlangt die accusative Form des nach den Verben der Bewegung stehenden Inf. (des Supinum) die Annahme, dass hier der Begriff der Richtung als Stellvertreter des der Absicht der Sprache genügend geschienen hat. cf. Eugen Wilhelm de infinitivi linguarum Sanscritae, Bactricae, Persicae, Graecae, Oscae, Umbricae, Latinae, Gothicae forma et usu. Isenaci 1872, p. 63.

Die häufigste Verwendung findet in Hartmanns Epen der Inf. nach

Gân. Aber dem freien Gebrauch gegenüber, den uns das

Gothische und Althochdeutsche vermuthen lassen (Grimm, Gram. IV, 96. Erdmann 204) zeigt Hartmann in den Epen eine immer mehr hervortretende Einschränkung. Noch sehr nahe der alten Freiheit steht der Erec. Zwar macht sich auch in ihm bereits eine Einengung des Gebrauchs auf Ausdrücke aus dem damaligen täglichen Leben, dem Familienleben und der täglichen Beschäftigung geltend, aber ein guter Teil der Verbindungen hat sich hier doch noch ausserhalb des Schutzes dieser zu einem einheitlichen Gedanken durch die Häufigkeit des Gebrauches verwachsenen Zusammenstellungen zu behaupten gewusst.

Ausdrücke der ersteren Art sind:

gân ezzen 6357. 6379. 6410. 6421.

gân slâfen 3952. 8578. 8591.

gân ruowen 908.

gân schouwen 1156. 9919.

gân spehen 7079.

Ausserhalb dieses Ideenkreises aber fallen wohl:

gân suochen 7083.

gân blâsen 9611 und die alterthümlich anmuthenden gân stân 6832. 7625. 8967. 8985. und

gân sitzen 7877. 8255. 9928.

In den drei andern epischen Dichtungen aber erscheinen alle jenem Gedankenkreise fernstehenden Verbindungen aufgegeben. Im Grêgorjus erinnert nur noch

Gân klagen 2143

an die freiere Verbindung. Alle andern Fälle hier wie im armen Heinrich und Iwein fallen in jenen engen Kreis formelhaft gewordener Ausdrücke:

G.   gân slâfen 2830.

      gân kurzwîlen 807.

a. H. gân slâfen 470. 515.

Iw.   gân ezzen 351. 6545.

      gân schouwen 6427.

Alle andern Verba der Bewegung treten bedeutend zurück.

Varn. Kommt gân an Umfang und Art des Gebrauches am nächsten. Im Erec und Grêgorjus findet es sich je 2 mal:

im E.: varn kempfen 8642.

        varn schouwen 9764.

im G.: varn vischen 2833.

        varn suochen 3306.

im a. H. findet es sich gar nicht, im Iwein dagegen 6 mal:

        varn sehen 808.

varn sîn dinc schaffen 1596.
varn suochen 926. 5760.
varn turnieren 2921. 3005.

Das Wort scheint seit der ahd. Zeit an Gebiet nichts eingebüsst zu
haben. Der erste Fall aus G. und die beiden ersten aus Iw. decken
sich mit ahd. Verbindungen genau: Otf. 5, 13, 3 fuar Petrus fisgôn.
hymn. 19, 8 farant sehan. Tac. 162, 1 ih faru garawen.

Kommen ist dem gegenüber im Abnehmen begriffen. Von
den reichlichen Belegen im Goth. und ahd. findet sich nur im Erec
das auch mit gân und varn verbundene schouwen:

5129 komen klagen und schouwen.

Ausserdem kommt vor im Iwein ironisch

komen sterben 5243.

Von den ahd. so häufigen Verbindungen des Inf. mit Verben des
Eilens findet sich bei Hartmann.

Ilen im Erec einmal

îlen emphâhen 10010.

Grimm, Gram. IV, 98 hätte es also Hartmann nicht ganz ab-
sprechen sollen.

rîten. rîten ûz kurzwîlen E. 3061. durch weitere Ausbildung zum
Satze ziemlich frei folgt ein Inf. E. 49: sine wolde rîten
fürbaz den ritter frâgen mære selben wer er wäre. cf. p. 27. 24.
rîten birsen G. 2290. 2300.
rîten suochen Iw. 6331.

sich legen findet sich nur im Iwein 2 mal.

Keii legt sich slâfen 74.

si heten sich slâfen geleit 82.

zu den Verben der Bewegung ist in einem Falle auch sîn zu rechnen,
wie schon Otfrid es gebraucht:

G. 775 daz si benamen wæren vor tage vischen ûf dem sê,
(cf. Erdmann I § 335),

wo sîn gleichbedeutend mit dem Perfect eines Verbum der Bewegung ist. cf. oben G. 2833. Dieser Fall ist wohl zu scheiden
von dem Grimm, Gram. IV, 7. 92 erwähnten, wo das Praeteritum
von wesan mit dem Inf. nur eine Umschreibung des Praeteritum von
dem im Inf. stehenden Verbum selbst ist. Letzterer Fall findet sich
in Hartmanns Epen gar nicht. Bei dieser Gelegenheit sei eine
Nebenbemerkung über den Inf. nach werden gestattet. Hartmann
hat ihn nicht. Nhd. aber ist er in der erregten volksthümlichen
Rede erhalten, um grösseren Nachdruck zu erzielen, eben darum
aber auch nur auf das Präsens historicum beschränkt z. B. von
einer vergangenen Handlung spricht eine erzürnte Mutter: wird

Ihnen der Junge nicht auf den Baum klettern? u. ä. Den Verben der Bewegung stehen nahe die des Beharrens in einem Zustande: sitzen findet sich nur im Erec mit dem Inf. verbunden.

E. 9699 als sî frou Enîte gesach dort sitzen weinen.

womit die Stelle

910 ze rouwe sî dô sâzen

zu vergleichen ist.

Stân hat den Inf. nach sich.

G. 2279 dâ ich in dâ stênde sach klagen.

Man könnte freilich auch von sehen den Inf. abhängen lassen, wofür G. 2224 spricht, so dass es bedeuten würde: ich sah ihn im Stehen weinen. Treffender aber ist wohl, den Inf. klagen zu stênde und dies Particip zu sehen zu construiren.

Ebenso gehören zu den Verben der Bewegung deren Causativa senden und auch füeren. Sie finden sich aber nur im Erec mit dem blossen Inf. verbunden.

2517 frou Melde hete einen garzûn gesant besehen.

füeren ezzen 8359.

Bei der noch ausgesprochenen finalen Function dieses Infinitivs ist das Eindringen der präpositionalen Verstärkung bei ihm leicht begreiflich und fand vereinzelt bereits bei Otfrid statt cf. Erdmann I § 349. Der Inf. zeigt bei dieser Verbengruppe immer die kürzere Form. Man kann den Unterschied im Gebrauche beider in den Epen Hartmanns vielleicht so bestimmen: der blosse Infinitiv steht bei Verben der Bewegung nie, wenn der Zweck nicht ohne weiteres in seine Ausführung übergehen kann. Der Grund ist offenbar der, dass dann der finale Charakter mehr hervortritt und eine Hervorhebung auch in der Sprache nahe legt. Man könnte auch sagen, bei Verbindungen, die dem täglichen Leben angehören, vermag die Praeposition nicht einzudringen. Im Grunde decken sich beide Beobachtungen, denn die dem gewöhnlichen Leben entnommenen Absichten lassen auch am wenigsten an ihrer Ausführung zweifeln, weil sie ja immer zuvor ausgeführt zu werden pflegten. Daher nannte ich p. 31 die Verbindung komen sterben Iw. 5243 ironisch, weil durch den blossen Inf. das Eintreten des Sterbens als ganz selbstverständlich gedacht ist.

So ist es erklärlich, dass gerade gân, das ja namentlich in jenen formelhaften Ausdrücken zu stehen pflegt, dem einfachen Inf. treu bleibt.

Varn findet sich einmal mit dem präpositionalen Inf.:

E. 1784 ouch vuor der künec ungebeit ze behalten sîne gewonheit.

komen hat bereits im Erec ihn 2 mal nach sich:

468 daz er komen dar wäre ze nemen den sparwäre (womit zu vergleichen Trist. 3235).

5254 die komen in ze schouwen.

senden. G. 2070 senden ze loesen.

Der Inf. aber überhaupt nach Verben der Bewegung hat mancherlei Concurrenten. Ihm in seiner alten Bedeutung am nächsten kommen wohl die Fälle, in denen der Zweck der Bewegung durch ein Substantivum mit einer Praeposition bezeichnet wird, wie es im Erec und auch im Iwein gerade nach komen, einigemal auch nach riten geschieht:

E. 2618 wand er dar niene kam ûf guotes gewin. 2421. namentlich mit durch und dem Inf.

E. 9312 durch justieren mêre nach riten.

2658 enwäre er niht ze helfe komen.

9101 si riten von einander dan durch justieren mêre.

Iw. 4294 dô ich dar kom durch clagen. 4542 (nâch).

1853 komen einem ze wer.

Ferner läuft hier wie oft Participialconstruction neben dem Inf. her. Statt des Inf. suochen nach gân und riten ist sogar viel häufiger das Particip. Den beiden oben p. 38 unter gân und p. 31 27. 28 unter riten gegebenen Fällen für den Inf. suochen E. 7083. Iw. 6331 stehen acht für das Particip gegenüber: E. 6688 (nach gân). 8523. 227 (nach riten). Iw. 6425 (nach gân). 530. 5775. 4163 (nach riten); die achte ist im Erec nach riten. Der Verschiedenheit der Construction liegt wohl ursprünglich eine verschiedene Auffassung zu Grunde. Der Inf. bezeichnet den Zweck, der da das Ziel der Bewegung ist und eigentlich zeitlich hinter dem Verbum finitum gedacht ist, so dass suchen mit dem ähnlichen Sinn von finden ziemlich identisch ist, das Participium praesentis bezeichnet eine der Haupthandlung bereits gleichzeitige Thätigkeit: mit Suchen beschäftigt reiten. Daher ist es natürlich, dass die participiale Construction gerade bei den Verben des Verharrens in einem Zustande den Inf. mit Ausnahme der oben angeführten wenigen Fälle (cf. p. 32) verdrängte. Sitzen, im Erec noch mit dem Inf. verbunden, hat im Grêgorjus bereits das Part. nach sich:

G. 315. sitzende swîgende.

ligen und belîben finden sich nur mit dem Part.

E. 919 si beide spilende beliben

Iw. 3516 die wîle ich slâfende lac.

cf. hierzu lâzen mit dem Part.

Am gefährlichsten aber war diesem wie dem freien finalen Inf. die Vertretung durch einen Satz, der entweder subordinirt mit der

Conjunction daz oder durch daz oder mit dem Relativpronomen oder paratactisch mit und zugefügt erscheint.

Mit daz oder durch daz eingeleitet ist er:

E. 70 ich wil rîten dar, daz ich iu die maere ervar.

3606 die komen dar ûf sînen trôst, daz sî wurden erlôst.

204 ouch was er komen, daz er'n zem dritten näme.

3675 daz er dar sô käme, daz er im sî benäme.

3088 gein kuchen sante er, daz man den köchen täte kunt.

3033 wurden boten gesant, daz sî — .

loufen findet sioh nur einmal mit daz, welches mit dar umbe verstärkt ist:

E. 6816 der lief durch den walt dan, dar umbe daz er'z dem wenigen künege täte kunt. Mit dem Inf. Pfeiffer, Marienlegenden XX. 171 sie lief sprechen ir gebet.

mit durch ist daz verstärkt:

a. H. 1399 die riten unde giengen, durch daz sî in enpfiengen.

Ein finaler Relativsatz folgt:

Iw. 2604 heizet eteswen komen, der sich's underwinde.

5773 er sante sîn tohter, diu für sî suochende reit. 5849. E. 1248. 7749. 2877.

Ein mit und angeknüpfter paratactischer Satz folgt immer bei Hartmann, wenn das Verbum der Bewegung im Imperativ steht:

E. 316 genc und bewar.

5834 ez kume her und ezze.

24 rît und ervar,

4993 rît und sage.

Iw. 8033 genc und ervar.

Zweimal findet sich diese Parataxe auch nach einem Indicativ (cf. Erdmann I § 282):

Iw. 3911 Her Iwein legte sich unde slief.

5940 daz er engegen ir gienc und sî enpfienc.

Zur blossen inchoativen Bedeutung sind die Verben der Bewegung in Hartmanns Epen noch nicht abgeblasst. Nur einmal ist varn gleichbedeutend mit sich anschicken. Es folgt ihm ein präpositionaler Inf., dem ein Satz mit daz gleichgestellt ist (cf. p. 32): 29

E. 1784 ouch vuor der künec ungebeit za behalten sîne gewonheit, als im sî sîn vater liez, daz er den kus näme dâ —

Weil nicht den Zweck bezeichnend gar nicht hierher gehören die Fälle, in denen mit Verben der Bewegung das zweite Particip verbunden ist (Grimm, Gram. IV, p. 126). Ich finde nur geriten komen und das nur im Iwein: 5807. 4531. 1000. E. 2615.

5

Vita.

Natus sum Sylvius de Monsterberg Vratislaviae a. d. IX. Calendas Septembres a. h. s. LVI patre Ottone, matre Bertha e gente Beyer. pater meus ante hos tres annos mortuus est. ut viventem dilexi, sic caram semper memoriam habebo defuncti. mater mihi quod ad huc est superstes, gratiam habeo deo optimo maximo. fidem profiteor evangelicam. usque ad annum meae aetatis quintum decimum ludum frequentavi publicum, tum in sextum ordinem gymnasii hujus urbis Elisabethani receptus sum florentis eo tempore auspiciis viri cl. Caroli Rudolfi Fickert, cujus quanta humanitas fuerit per septem annos de me expertus sum. testimonium maturitatis adeptus a. d. V. Nonas Maias anni h. s. duodeoctogesimi a viro ill. de Bar, penes quem tum fasces erant, inter civis almae matris Viadrinae receptus sum et morbo diuturno multifariam impeditus per semestria duodecim scholis usus sum virorum ill. Bobertag, Dilthey, Eck, Grünhagen, Hertz, Kaibel, Niese, Reifferscheid, Rossbach, Stenzler, Weber, Weinhold, Zacher. exercitationum particeps fui philologicarum viro ill. Kaibel et Zacher, archaeologicarum per septem semestria viro ill. Augusto Rossbach, philosopharum viro ill. Dilthey, historicarum viro ill. Grünhagen moderante. seminarii Germanici exercitationibus a viro ill. Weinhold institutis sodalis extraordinarius per ter, ordinarius per bis sex menses interfui.

quibus gratiam habeo magnam cum omnibus, tum maximam me debere Hertz, Reifferscheid, Rossbach, Weber, Weinhold pio memorique animo recordabor, quoad vivam.

Thesen.

1. Jollys Behauptung (Geschichte des Inf. im Indogermanischen, München 1873, p. 172), die Auflösung in Nebensätze mit dass habe in die alte Bedeutungssphäre des deutschen Infinitivs immer mehr verengend eingegriffen, ist nicht von der ganzen historischen Zeit der deutschen Sprache und nicht von jeder Entwicklungsstufe des Inf. zu verstehen.

2. Otf. IV, 13, 25 „gisuuichen sie thir alle, nub ih io thiz uuolle, nub ih giuueizez ubaral so man meistere skal", ist zu dem ersten Satz mit nub nicht mit Erdmann ein Hauptsatz zu ergänzen, sondern er ist als ein selbständiger ironischer Fragesatz zu fassen.

3. Die religiösen Vorstellungen im Muspilli berühren sich mit den Darstellungen auf dem Harpyienrelief von Xanthos.

4. Die sogenannte Medusa Ludovisi ist keine Medusa.

5. Der Beiname des Ἀπόλλων Διδυμεύς im Branchidenheiligtum war Μιλήσιος.

6. Cic. Cat. mai. 5 ist zu lesen: quid est enim aliud nisi Gigantum modo bellare cum diis naturae repugnare?

7. Cic. de rep. 1, 13. „sed etiam studio discendi et docendi essemus auctores" ist vor auctores keine Lücke anzunehmen.

8. Terent. Eun. Prol. 5. „qui dictum in se inclementius existimavit esse", ist existimavit der Handschriften beizubehalten.